AF312802

DESSINS ANCIENS

DU XVIIIe SIÈCLE

PASTEL, par TOUZÉ

TABLEAU

DE L'ÉCOLE ITALIENNE DE LA RENAISSANCE

PROVENANT D'UNE COLLECTION FAITE AU XVIIIe SIÈCLE PAR

M. DE B...

ARTISTE PEINTRE ET GRAVEUR

DONT LA VENTE AURA LIEU

HOTEL DROUOT, SALLE N° 7

LE JEUDI 16 JUIN 1904

à trois heures

COMMISSAIRE-PRISEUR	EXPERTS
Me PAUL CHEVALLIER	MM. PAULME & B. LASQUIN FILS
10, rue Grange-Batelière	10, rue Chauchat | 12, rue Laffitte

EXPOSITION PUBLIQUE

Le Mercredi 15 Juin 1904, de une heure à six heures

CONDITIONS DE LA VENTE

Elle sera faite au comptant.

Les acquéreurs paieront *dix pour cent* en sus des prix d'adjudication.

L'exposition mettant le public à même de se rendre compte de l'état et de la nature des objets, aucune réclamation ne sera admise, une fois l'adjudication prononcée.

EXPOSITION PARTICULIÈRE

Les Lundi 13 et Mardi 14 Juin 1904,

chez MM. B. LASQUIN Fils, 12, rue Laffitte, de 9 h. à 6 h.

Paris. — Imprimerie de l'Art. E. MOREAU ET Cie, 41, rue de la Victoire.

DÉSIGNATION

TABLEAU

ÉCOLE DU NORD DE L'ITALIE
Commencement du XVI⁰ siècle.

1 — *La Vierge et l'Enfant Jésus.*

La Vierge, en robe et manteau rouge avec une coiffe blanche, tenant dans ses bras l'Enfant Jésus, est assise de face dans une stalle monumentale en forme de niche, encadrée de pilastres et corniche, avec amortissements en consoles. Fond de paysage.

Cadre ancien en bois sculpté et doré.

Bois. Haut., 50 cent.; larg., 35 cent.

PASTEL

TOUZÉ
(JACQUES)
(École française du XVIIIe siècle.)

2 — *Le Passage difficile.*

Une jeune femme glisse d'un tertre en s'appuyant sur un jeune homme. Celui-ci d'un geste gracieux la retient. A droite, un jeune chien aboie, inquiet du danger que court sa maîtresse.

Charmant pastel de forme ovale, signé et daté : *Touzé in. 1775.*

Cadre Louis XVI en bois sculpté doré.

Haut., 38 cent.; larg., 29 cent.

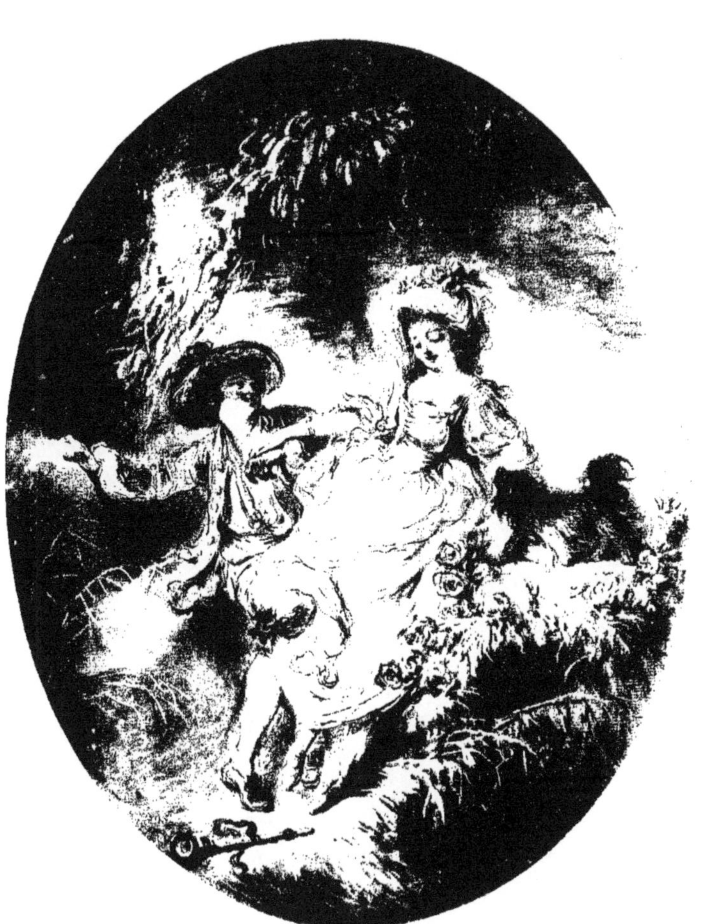

N° 2

DESSINS

DE L'ÉCOLE FRANÇAISE DU XVIIIᵉ SIÈCLE

3 — FEUILLE contenant *dix-sept* dessins à l'aquarelle, par *M. de Savoie*, représentant des fleurs et des animaux : roses, œillets, tulipes, canard, perroquets, hibou, etc.

4 — FEUILLE contenant *huit* dessins, parmi lesquels :

    — Deux dessins à la plume et aquarelle, par *Marty* : trépied-cassolette, fleuron à rinceaux.

    — Deux dessus de bonbonnières : Pastorales, d'après *Fragonard*.

    — Des fleurs et des oiseaux, à l'aquarelle.

5 — FEUILLE contenant *vingt-six* dessins, par *Gabriel-Jean-Louis Rabigot* (1753-1834), peintre, professeur à l'École de dessin d'Orléans, représentant des paysages, avec petites figures, au crayon, à la plume, au lavis et à l'aquarelle. Plusieurs sont signés.

6 — FEUILLE contenant *dix-sept* dessins, parmi lesquels :

— Plusieurs croquis à la plume de l'*École italienne*.

— Une étude : Buste d'homme, à la plume, de l'*École hollandaise*.

— Un petit portrait d'enfant, à la sanguine, par *Bertin*.

— Plusieurs études à la plume ou au crayon, par *Jeaurat*, Mme *Moitte*, *de Bizemont* et autres, etc., etc.

7 — FEUILLE contenant *vingt-deux* dessins, parmi lesquels :

— Une composition de *Touzé* : Enfants jouant à la procession. Encre de Chine et lavis.

— Deux petites aquarelles : Scènes d'intérieur, par *Schenau*.

— Une feuille de croquis à la mine de plomb, rehaussée d'aquarelle ; signée : *St.-Aubin, le graveur*.

— Deux dessins de boîtes : Jeux d'enfants, par *Larue*.

— Ruines antiques, croquis à la plume et sépia, par *Germain*.

— Des études de têtes au crayon, d'après Rubens, etc., etc.

8 — FEUILLE contenant *vingt-deux* dessins, parmi lesquels :

— Un frontispice avec les attributs de la

musique, à la plume lavé de sépia, proba-
blement de *Choffard*.

— Un petit médaillon : Amazone dans un
paysage, à l'encre de Chine, par *Strebach*.

— Quatre petits paysages à l'encre de Chine,
par *de Bizemont*.

— Deux frontispices à la sépia, attribués à
H. Robert.

— Une feuille de têtes expressives, croquées
à la plume, avec rehauts de sépia, etc., etc.

9 — FEUILLE contenant *vingt quatre* dessins,
parmi lesquels :

— Une charmante petite gouache de forme
ronde, par *Louis Moreau :* Paysage, avec
petites figures.

— Un petit paysage à la mine de plomb, sur
papier gouaché, par *Desfriches*, signé.

— Un croquis de deux figures, à la plume,
par *Robert*, signé.

— Une aquarelle, par *Nicole*.

— Une aquarelle rehaussée de gouache : Paysage, de l'École française.

— Quatre croquis de figures, à la mine de
plomb, par *Strebach*.

— Un croquis de paysage, à la mine de
plomb, par *Savignac*, etc., etc.

10 — FEUILLE contenant *vingt* dessins, parmi lesquels :

— Une étude de femme et deux enfants, à l'encre de Chine, par *Greuze*.

— Deux études de femmes, à la plume, par Mme *Moitte*.

— Deux études de figures, à la pierre noire, par *Armand* (J. F.), élève de Pierre (1730-1769).

— Un croquis d'architecture, à la plume et aquarelle, attribué à *M.-A. Slodtz*.

— Une étude au crayon, par *L. Lafitte* (1770-1828), signée.

— Un projet de fontaine, à la sépia, par *Pierre*, signé, etc., etc.

11 — FEUILLE contenant *quinze* dessins, parmi lesquels :

— Un Portrait d'Homme de forme ronde, à la sanguine, par *Bertin*.

— Différentes études au crayon de têtes d'expression, hommes et femmes, dessins et contre-épreuves.

— Deux arabesques à la plume, lavées de bistre, dans le goût italien de la Renaissance.

— Une étude au crayon : Tête d'homme, d'après le tableau de *Coypel*, de la Galerie La Case, etc.

12 — Feuille contenant *vingt* dessins, parmi lesquels :

— Un Portrait d'Homme, au crayon, par *Jeaurat*.

— Étude de Jeune Femme assise et dessinant, à la mine de plomb, par *G. de Saint-Aubin*.

— Étude de femme écrivant, à la plume, par *M{me} Moitte*.

— Deux dessins à la plume rehaussés de bistre, par *Marillier*, projets pour le frontispice du *Parnasse des Dames*, ouvrage illustré du xviiie siècle, publié par *Ruault*, Paris, 1773.

13 — Feuille contenant *dix-sept* dessins, parmi lesquels :

— Un fleuron formé d'un double écusson timbré d'une couronne et supporté par trois amours; à la plume, lavé de sépia, par *Choffard*, signé.

— Un autre fleuron avec l'écusson d'Orléans, soutenu par une Minerve que des petits amours dessinent, par *Choffard*, signé.

— Un projet de médaille, allégorie aux Arts, par *C.-N. Cochin*.

— Quatre portraits d'hommes et de femmes, à la mine de plomb, par *Cécile de Bizemont*.

— Ruines antiques et dessinateurs, Crayon et sanguine, par *Pannini*, etc., etc.

14 — FEUILLE contenant *vingt-trois* dessins, parmi
lesquels :

   — Quatre petits paysages avec figures, à la
plume et à l'aquarelle, par *Hoüel*.

   — Six autres études, à l'encre de Chine et
sépia, par le même.

   — Un dessin de dessus de boîte, par *Larue*.

   — Des études d'après nature, par *G. de Bizemont*, etc.

15 — FEUILLE contenant *vingt* dessins, parmi
lesquels :

   — Une étude d'*homme assis*, à la sanguine,
par *Ant. Watteau*.

   — Une composition de quatre personnages,
à la sépia, par *J.-B. Huet*, signée et datée.

   — Deux belles études de Gentilshommes debout, à la plume et au lavis, par les *Saint-
Aubin*.

   — Trois croquis à la mine de plomb, ou aux
deux crayons, par *Gab. de Saint-Aubin*, avec
notes autographes.

   — Deux projets de pendules, à figures en
marbre et bronze doré.

   — Un croquis de *Pillement*, au crayon, signé, etc, etc.

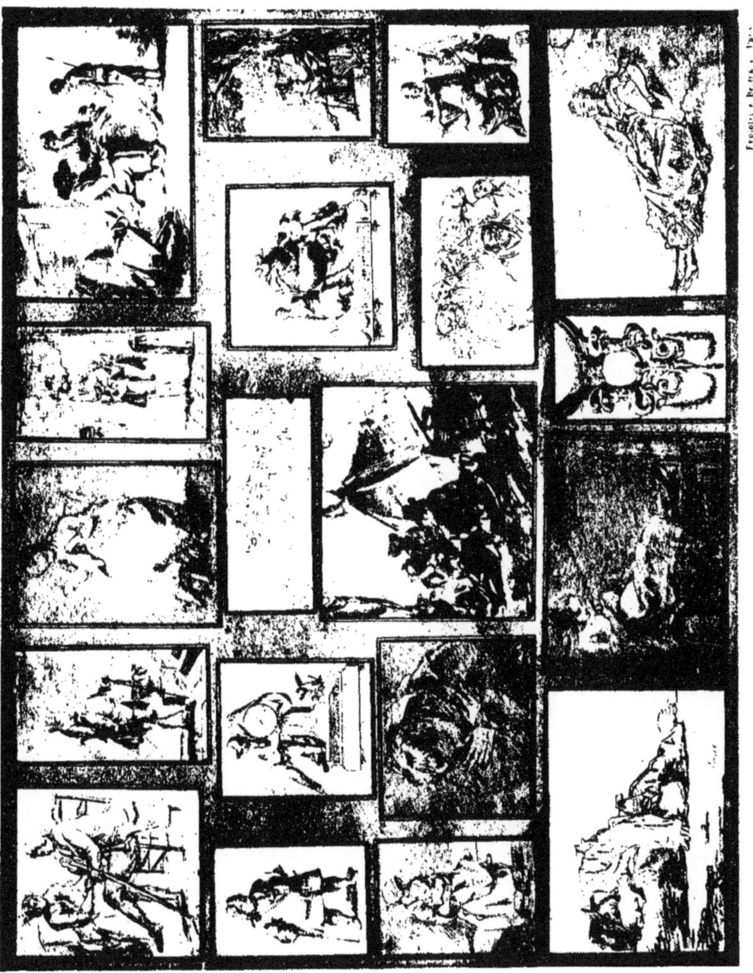
Frédéric Bertran Paris
N° 15

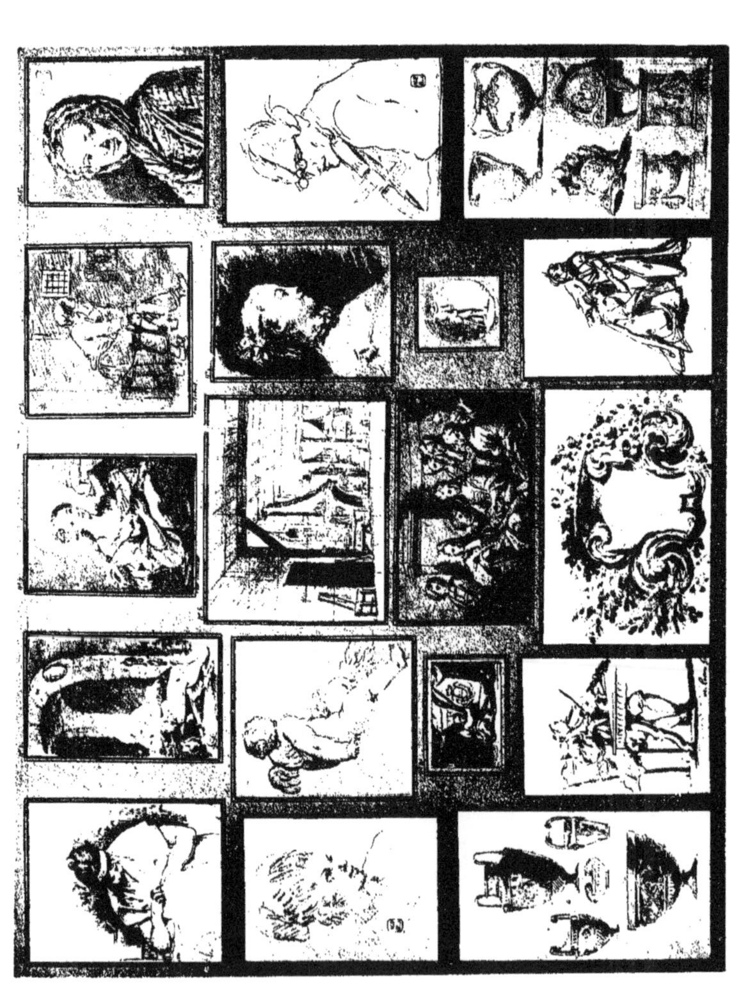

N° 17

16 — FEUILLE contenant *quinze* dessins ou contre-épreuves, parmi lesquels :

— Un dessin à la mine de plomb, par *de Boissieu* : Tête d'homme, coiffé d'un chapeau.

— Un dessin de *Lenfant* : Tête de soldat, à la sanguine et crayon blanc.

— Huit études de têtes d'hommes et cinq études de têtes de femmes, au crayon, dont quelques-unes rehaussées de sanguine, par *Pierre Lélu*, élève de Boucher et Doyen, peintre d'histoire (1741-1810).

17 — FEUILLE contenant *dix-huit* dessins, parmi lesquels :

— Une délicieuse étude de tête de jeune fille, vue de profil, aux deux crayons, par *F. Boucher*.

— Une esquisse de portrait de jeune femme tenant un pigeon, par *Jeaurat*, aux deux crayons, sur papier gris.

— Un croquis, par *H. Robert* : Prisonnier dans sa cellule.

— Une esquisse, par *J.-B. Oudry* : Famille de huit personnes, à l'encre de Chine, rehaussé de blanc.

— Un cartouche enguirlandé de fleurs, plume et sépia, par *Choffard*.

— Un dessin à la plume, par *Mme Moitte* : Femme cousant, etc., etc.

FRAGONARD
(H.)

18 — *Jeune Femme debout.*

> Vue de trois quarts, la tête de profil à droite,
> debout dans un paysage.
> Charmante étude à la sanguine.

> (*Voir la reproduction sur la couverture du Catalogue.*)

PILLEMENT

19 — *Cinq études de fermes et chaumières sur une feuille.*

> Au crayon rehaussé d'aquarelle.

ROBERT
(Attribué à H.)

20 — *Ruines antiques, avec figures.*

> Trois dessins à la pierre noire et une contre-
> épreuve à la sanguine.
> Ensemble quatre pièces.

TAUNAY
(N.)

21 — *Danseurs devant un Cabaret.*

> A la plume rehaussé de sépia, de forme ovale.

DESSINS

D'ORNEMENTATION ET DE DÉCORATION

CARAVAGE
(POLYDORE DE)

22 — *Enfants soutenant un cartouche.*

Esquisse double au trait, lavée de sépia.

CHALLE
(LE SCULPTEUR)

23 — *Projet de fontaine monumentale,*

Beau dessin, à la plume, lavé d'encre de Chine.

ÉCOLE FRANÇAISE
DU XVIIIᵉ SIÈCLE

24 — *Les Saisons.*

Figurées par quatre bustes, se terminant en gaines.

Quatre dessins au crayon. L'un d'eux est signé : *Sauvage.*

25 — *Vase décoratif.*

Contre-épreuve d'un dessin de *Duplessis*, à la sanguine.

MARTY

26 — *Vase décoratif.*

> De style Louis XVI, de forme ovoïde, en marbre ; monture en bronze doré.
> Dessin à la plume, rehaussé d'aquarelle. Signé.

PIERRE

27 — *Projet de plafond.*

> Esquisse à la plume lavée de sépia.

PIERRE

28 — *Projet pour l'angle de la voussure d'un plafond.*

> Très belle esquisse, à la plume rehaussée d'aquarelle. Signée.

PIERRE

29 — *Projets d'attiques.*

> Avec écusson, médaillons, vases et figures allégoriques.
> Deux beaux dessins au trait, rehaussés de lavis. Signés.

PIERRE

30 — *Projets de fontaines.*

Deux dessins à la plume, lavés d'encre de Chine, portant tous deux l'inscription : *Pierre pour la fontaine près les Thuileries.*

PIERRE

31 — *Décoration d'une avant-scène, pour un théâtre dans un jardin.*

Esquisse au trait lavé d'encre de Chine. Signé.

PIERRE

32 — *Vase dans une niche.*

Esquisse au trait, lavée de sépia. Au bas se lit : *Pierre Palais-Royal.*

TORO
J.-B.

33 — *Frontispice.*

Berceau treillagé de forme contournée avec statue, vase et attributs de jardinage.
Dessin à la plume lavé d'encre de Chine.

34 — Sous ce numéro, quelques dessins anciens, tels que : *Études de mains de figures, contre-épreuves*, etc., etc., non catalogués.

35 — Sous ce numéro, quelques gravures du XVIIIe siècle, en noir et à la sanguine, non cataloguées.

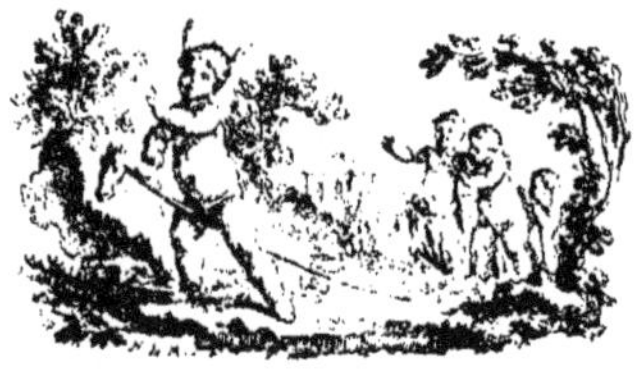

9 782329 530321